初信者シリーズ 15

ウオッチマン・ニー著

解放

JN061244

JGW日本福音書房

解放

聖書：ローマ七・十五―八・二

人が主を信じると、すぐに罪から解放されることができます。しかし、すべて主を信じた人がこれを経験するとは限りません。主を信じても多くの人は罪から解放されないばかりか、しばしば罪悪の中に陥っています。間違いなく彼らは救われていますし、主のものですし、彼らの中にはすでに永遠の命があります。しかし、彼らはしばしば罪に邪魔されて、自分が願うようには主に仕えることができないでいます。

主を信じてから罪に悩まされるのは、確かにとても苦しいことです。神に照らされている人は、鋭い良心を持っています。彼には罪の感覚があり、内側には罪を罪定めする命があります。それは罪に悩まされるとその人に苦しいと感じさせますし、がっかりさせます。これは確かにとても苦しい経験です。

それで、多くのクリスチャンは罪に打ち勝とうと思います。ある人は、罪を拒みさえすれば罪を離れることができると思って、力を尽くして罪の誘惑を拒絶しようと思います。ある人は、罪には打ち勝つ必要があると思っているので、罪と争い、それに勝とうと思います。ある人は、罪は彼を不自由にしているので、もし努力奮闘すれば罪の縄目から解かれるとして、力の限り奮闘しています。しかし、これらはすべて人の意見であり、神の言葉ではなく、神の教えでもありません。これらの方法はすべて、人を勝利へと導くことができません。神の言葉は、わたしたちの力を用いて罪と格闘するようにとは決して言っていません。神の言葉は、罪から救われるように、あるいは罪から解放されるように、罪から自由を得るようにと言っています。罪はもともとあなたを捕まえていた力でした。今あなたはこの力を打ち消すのではなく、主によってそれから解放していただくのです。あなたはもともと罪を持っており、それを離れる方法がありませんでした。今日、主はそれを打って死なせるのではなく、あなたをそれから引き離して、罪の力から救うのです。初信者のクリスチャンは、主を信じたらすぐに罪から解放されることについて知るべきです。罪から解放されるまで、いくつも曲がり角を曲がる必要はありません。主を信じたらすぐ自由の道を歩むべきです。さて、ローマ人への手紙第七章と第八章からこの問題を解決してみましょう。

一　罪は法則である

ローマ人への手紙第七章十五節から二五節は言います、「わたしは自分のしていることを認めません。なぜなら、わたしは自分の欲することを実行せず、かえって自分の憎むことを行なっているからです。……なぜなら、わたしは善をしようと欲するのですが、善を行ない出すことはないからです。わたしは自分の欲する善を行なわず、かえって自分が欲していない悪を実行しています。もしわたしが欲していないことを行なうなら、それを行ない出すのはもはやわたしではなく、わたしの中に住んでいる罪です。そこでわたしは、善を行なおうと欲しているわたしに、悪が共にあるという法則を見いだします。わたしは、内なる人によれば神の律法を喜びますが、自分の肢体の中には別の法則があって、わたしの思いの法則に逆らって戦っており、わたしの肢体の中にある罪の法則の中に、わたしをとりこにしているのを見ます。……このように、わたし自身、思いでは神の律法に仕えていますが、肉では罪の法則に仕えているのです」。

十五節から二〇節でパウロは、「欲する」、「欲していない」という言葉を繰り返し用いています。ここでの重点は、欲する、欲しない、志を立てる、志を立てない、です。二一節から二六節では、彼はもう一つの重点、すなわち「法則」を見せています。この二つの重点がこの部分の聖書のかぎです。

わたしたちはまず、何を法則と言うのかをはっきりさせましょう。一般的に言うと、法則の意味とは、絶えず同じであり、例外がないことです。しかも法則には力があります。法則の力は自然であって、人が作り出す必要はありません。法則であリさえすれば、それには力があります。例えば、引力は法則です。一つの物を上に向かって投げるなら、それは自然に地上に落ちてきます。手で引っ張り下ろす必要はありません。地球には自然にそれを引っ張り下ろす力があります。石を上に投げるなら、それは落ちてきます。鉄片を上に投げるなら、鉄も落ちてきます。中国で物を上に投げれば、それは下に落ちてきます。外国で物を上に投げれば、それも落ちてきます。今日、物を上に投げれば、それは落ちてきますし、明日そのようにしても落ちてきます。それを支えるものがなければ、どんな場所でも、どんな時でも、落ちてくるのです。ですから、法則の意味は、いつも同じであって例外がないことです。しかも自然な力であって、人の力で支える必要がないものです。

ローマ人への手紙第七章は、パウロが勝利を得ようと思っていたことを見せています。彼は罪を犯さないでいられたら、神が喜ばれる事をすることができたら、一番良いと思っています。彼は罪を犯すことを願わないし、失敗することを願いません。しかし結果は、彼は自分がしようとしても駄目であることを認めています。彼は言っています、「わたしは善をしようと欲するのですが、善を行ない出すことはないからです」。彼は罪を犯すことを願わないのに、犯してしまいます。彼は善をしようと願い、神の律法を行ない出すことを願っているのに、そうできません。言い換えれば、自分が願うことは全部できません。自分が志を立てても全部できません。パウロは絶えず志を立てますが、結果は絶えず失敗です。これからわかるように、勝利の道は人の願いにあるのではなく、人が志を立てることにあるのでもありません。パウロは何度も志を立て、願った上にまた願いましたが、結果はやはり失敗の繰り返しでした。これは、しようとする意志は自分にあるが、それをする力がないことを、明らかに見せています。あなたはせいぜい志を立てることができるだけです。

なぜ「わたしは善をしようと欲するのですが、善を行ない出すことはない」のでしょうか？　それは罪が一つの法則であるからです。パウロは二一節で、しようとするが失敗するのは、罪が一つの法則だからであることを示しています。彼が善をしようと志を立てる度に、罪を犯す法則が彼と共にあるのです。彼は心の中では神の律法に従うのですが、彼の肉体は罪の法則に従うのです。彼が神の律法に従おうと決心する時、彼の肢体には別の法則があって、彼をその肢体の中にある罪の法則に従うようにとりこにするのです。

聖書の中で、パウロは罪が法則であると語った最初の人でした。これはとても重要な発見です！　残念ながら、多くの人はクリスチャンになって何年もたつのに、罪が法則であることを見ていません。多くの人は、地球の引力が一つの法則であることを知っていますし、物質が熱せられると膨張することが法則であることも知っています。しかし彼らは、罪も一つの法則であることを知りません。パウロも最初は知りませんでした。故意にそうするわけでもないのに、体の中には力があって、彼を引っ張って罪を犯させ、罪を犯し続けさせるに至って、彼は罪が法則であることを発見しました。

　わたしたちの失敗の歴史はわたしたちに告げますが、誘惑が来た時、心の中では抵抗しようと思うのに、うまく抵抗できずに失敗してしまいます。二度目に誘惑がまた来ると、また抵抗しようとしてもうまく抵抗できずに、また失敗します。十度目に誘惑がまたやって来ると、また抵抗し、結果はまた失敗です。百度、千度と誘惑が来て、抵抗しますが、全部うまく抵抗できず、全部失敗してしまいます。これがわたしたちの失敗の歴史であり、一回、また一回、次々と、すべてこのようです。これは決して偶然の事ではありません。これは法則です。もし人が一生のうち、たった一回罪を犯すのでしたら、それは罪を犯すことが偶然であるかもしれません。しかし、百回、千回と罪を犯すなら、罪は法則であると言わなければなりません。なぜなら、それは絶えず人に罪を犯させるからです。

二　人の意志は罪の法則に打ち勝つことができない

　パウロが最初失敗したのは、ずっと自分の意志を用いて「欲し」たり、「しようとした」からです。しかし、二一節の後、パウロの目は開かれて、彼が対処しなければならない敵である罪は、法則にほかならないことを見ました。罪が一つの法則であるのを見ると、彼はため息をついて言うほかありませんでした、「何とわたしは苦悩している者でしょう！　だれがこの死の体から、わたしを救い出してくれるのでしょうか？」。彼は、意志をもって罪を対処することはできないことを認識しました。

何を意志と言うのでしょうか？　意志とは、人の考え、つまり人が自分で決め、しようと思ったり、欲したり、主張したり、決断したりすることです。人の意志は、一つの事をやろうと決めると、それを遂行しようとします。人の意志は力を生み出すことができます。ですから、意志には力があります。

しかし、問題はここにあります。意志と罪の法則が相反する時、いったいどちらが勝利するかです。たいてい最初は意志が勝ちます。しかし、最後は必ず罪が勝ちます。例えば、ある重さの本を手に載せるとします。引力はそれを下に引っ張りますが、あなたは力いっぱいそれを支えます。しかし、法則が絶えずそこに働いていて、それを地面へと引っ張ります。あなたは片手でずっとそれが落ちないように持ち続けます。結果、一時間は勝利するでしょう。二時間になると、少し疲れを覚え、さらに一時間たつと、あなたの手は言うことをきかなくなってしまい、手放さないではいられなくなります。地球の引力に疲れはありませんが、あなたの手は疲れてしまうからです。引力の法則は毎時、毎分、毎秒それを引っ張ります。あなたの手はどうしても引力に対抗して持ちこたえられなくなり、ますます重く感じてきます。この本が重くなったのではなく、地球の引力があなたの手の力に勝ち、ますます重く感じさせているのです。意志を用いて罪に打ち勝とうとするのもこのようです。意志は罪に一時的に抵抗することができますが、罪の力は人の意志の力をはるかに超えています。罪は法則であり、意志によって抵抗して消滅するものではありません。意志の力が弱まると、罪の法則は直ちにその働きを現します。人の意志の力は持続することができませんが、罪の法則は絶えず活動しています。ですから、意志は一時的には勝利しても、最後は罪の法則に負かされてしまいます。

罪が法則であることをまだ見ていない時、あなたは意志を用いてそれに打ち勝とうとします。試みに出遭うと、あなたは歯を食いしばって勝利を得ようとしますが、失敗に終わります。今また試みがやって来ると、前の失敗は志をうまく立てられなかったからだと考え、前にもまして堅く決心し、今回は何が何でも罪を犯さず、何が何でも勝利を得ようと思います。しかし、結果はやはり失敗です。あなたは、どうして決心しても罪に勝つことができないのか知らないのです。意志を用いて罪の法則に勝つことはできないのを知らないのです。

例えば、かんしゃくを起こすのは、とてもわかりやすい罪です。ある人が耳ざわりの良くない言葉を一句語ると、あなたの内側は気持ちよく感じませんし、内側で反発してしまいます。その人がもう一句不愉快な言葉を口にすると、あなたはテーブルをたたいて、わめき、ののしり、何でもやってしまいます。しかし、自分はクリスチャンであるからかんしゃくを起こすべきではないと感じて、もう短気を起こすのはやめようと決心します。あなたは祈り、神が赦してくださったと信じ、またその人に罪の告白もしました。心の中もすっきりして、もう決して短気を起こすことはないと思います。しかし、しばらくして、人がまた聞きづらい言葉を言うと、聞いていてまた耐えられなくなります。二度目に何か言われた時、内側にまたつぶやきがわき上がります。三度目に言われた時、またかんしゃくが爆発してしまいます。後でまた間違ったことをしてしまったと感じて、主に罪を赦してくださるよう求めて、今後は何があってもかんしゃくを起こさないと主に言います。再び悪い話を聞くと、一度、二度、三度とまたかんしゃくを起こしてしまいます。新たに決心し、またもや失敗します。このような状況は、罪を犯すことが偶然ではなく、一回きりのことではなく、何度も起こることであること、一生涯このようであることを証明します。うそつきはずっとうそをつきます。短気な人はずっとかんしゃくを起こします。これは法則であり、人の力では打ち勝つことができません。パウロは最初この学課をよく学んでいませんでした。ですから、彼は再び決心しました。しかし、彼の決心は役に立ちませんでした。人は意志を用いて罪の法則に打ち勝とうとしますが、それは絶対に不可能なことです。

主があなたをあわれんで、罪が法則であることを見せてくださるなら、勝利は遠くありません。もしあなたが、罪を犯すのは偶然の行為であって、もう少し多く祈って試みを拒絶すれば勝利を得られるとまだ思っているなら、勝利はずっと向こうにあります。パウロの物語は、罪が法則であることを告げています。罪の力は強く、わたしたちの力は弱いです。罪の力はいつも勝利であり、わたしたちの力はいつも失敗です。パウロが罪は法則であることを見た時、彼はすべての方法が効果がないことを知りました。彼が決心しても全く役に立たないし、意志は絶対に罪の法則に打ち勝つことができません。これは大いなる発見でした。これは大いなる啓示でした。

パウロは、人が救われるのは意志によらないことを見ました。人がまだ意志の力に頼っている時は、神の救いの方法に頼ることができません。ある日、神の御前にひれ伏して、自分には方法がないことを認めて、何もしない時、何が救いであるかを見ることができるでしょう。そしてローマ人への手紙第八章を読むことができるでしょう。兄弟姉妹よ、ローマ人への手紙第七章を軽視しないでください。わたしたちにまず第七章の認識があってはじめて、第八章が経験できます。問題は、あなたがローマ人への手紙第八章の教理を理解したかどうかではなく、あなたが第七章から出てきたかどうかです。多くの人はローマ人への手紙第七章の中にうずもれています。やはり意志の力を用いて罪を対処しようとして失敗しています。あなたが、罪は法則であり、意志は罪の法則に打ち勝てないことを見ていないなら、ローマ人への手紙第七章の中に閉じ込められてしまい、永遠にローマ人への手紙第八章に至ることができません。初信者の兄弟姉妹よ、神の言葉が言っているとおりに、あなたは受け入れなければなりません。あなたが自分で出口を見つけ出そうと思うと、必ず多くの罪を犯すでしょうし、何度も罪を犯すでしょう。そしてあなたの目は覆われたままでしょう。ある日、目が開かれる必要があります。そして、あなたの決心したりもがいたりすることはみな徒労であることを見る必要があります。

罪は法則であり、意志は罪の法則に打ち勝つことができませんから、勝利の方法はどこにあるのでしょうか？

三　命の霊の法則はわたしたちを罪の法則から解放する

ローマ人の手紙第八章一節から二節は言います、「そこで今や、キリスト・イエスの中にある者には、罪定めがありません。なぜなら、命の霊の法則が、キリスト・イエスの中で、罪と死の法則から、わたしを解放したからです」。罪と死の法則から解放されることが、勝利の方法です。ここでは「キリスト・イエスにある命の霊は、罪と死からあなたを解放した」とは言っていません(おそらく多くのクリスチャンはみなこのように思っているでしょう)。ここでは、「命の霊の法則が、キリスト・イエスの中で、罪と死の法則から、わたしを解放したからです」と言っているのです。多くのクリスチャンは、命の霊が自分を罪と死から解放したと見るだけで、命の霊の法則が罪と死の法則から自分を解放したということを見ていません。多くのクリスチャンは、罪と死が法則であることを知るのに何年かかるかわかりません。また聖霊がわたしたちの上で法則であることを知るのにもどれだけの年数がかかるかわかりません。ある日、主がわたしたちの目を開かれる時はじめて、罪が法則であることを見ます。ある日、主がわたしたちの目を開いてくださると、聖霊も法則であることを見るに至ります。聖霊も法則であるのを見ることは、さらに大きな発見です。命の霊が法則であることを知った時、わたしたちは跳び上がって言うでしょう、「主よ、感謝します。ハレルヤ！」。人の意志は罪の法則に打ち勝つことができません。しかし、命の霊の法則によって罪と死の法則から解放されます。命の霊の法則だけが人を罪の法則から解放することができます。

罪が法則であることを見ると、わたしたちはもはや決して自分の意志を用いて何かをしようとしなくなります。同様に、神の御前であわれみを受けて、聖霊も法則であるのを見た時も、わたしたちには大変化があります。多くの人は、命を与える霊はわたしたちに命を与えることができることしか見ていません。聖霊はわたしたちの内側でもう一つの法則であって、この法則によって自然に罪と死の法則から解放されるということを、まだ見ていません。この法則がわたしたちを救い、あの法則から解放してくれる時、少しの力も必要ありませんし、決心する必要もなく、努力も必要なく、聖霊をしっかり捕まえることも必要ありません。主の霊がわたしたちの中にあるので、わたしたちはそんなに忙しくする必要がありません。もしあなたが、主の霊はあなたの上で何もしてくれないと恐れて、試みが来た時、自分で早々と手助けをするなら、それは聖霊があなたの内側で法則であるのをまだ見ていないということです。兄弟姉妹よ、聖霊はあなたの上で自然な法則であるのを見ることができますように。罪から解放されるには、意志を用いるのではありません。意志を使って解放されようとすれば、失敗に落ち込みます。神はわたしたちにもう一つの法則を与えて、自然に罪と死の法則からわたしたちを解放されます。なぜなら、法則だけが法則の問題を解決することができるからです。

法則をもってもう一つの法則を対処するには、力は必要ありません。例えば、前に述べた地球の引力は一つの法則です。それはいつでも物を地面に引っ張ります。しかし、水素という気体は空気より軽いのですが、もしそれを密封した気球に入れるなら、気球は空中を昇って行きます。うちわであおいだり、力でもって支えたりする必要はなく、ただ行くに任せておけば、それは上昇して行きます。これも法則です。これには少しの力も必要ありません。同様に、命の霊の法則をもって罪と死の法則を解決することにも、力は少しも必要ありません。

仮に、ある人があなたを訳もなく叱責したり、あるいはあなたの前で大騒ぎしたり、あなたをなぐろうとしたとします。どうしてかわからないのですが、あなたは不思議にこの件に打ち勝つことができます。すべての事柄が終わった後、あなたは自分が叱責された時、なぜ怒らなかったのだろうと不思議に思います。あなたは、相手の言葉にひどく怒ってもよいはずでした。しかし、驚いたことに、あなたはどうしてかわからないのですが、その状況に打ち勝ったのです！　そうです、すべての勝利はみな、無意識のうちに得るものです。それは聖霊の法則が働いているからであって、わたしたちが意志を用いて自分をしっかり捕まえる必要はありません。知らず知らずのうちに勝利を得ることこそ、真の勝利です。一度このように経験すれば、あなたの内に住んでいる聖霊があなたに罪を犯させないので、罪を犯さないように決心する必要はないことを知ることができます。あなたの内に住んでいる聖霊があなたに勝利を得させるのですから、勝利を得ようと決心する必要はありません。この法則はわたしたちの内側に住んでおり、罪と死の法則からわたしたちを解放します。わたしたちはキリスト・イエスの中におり、命の霊の法則もわたしたちの中にあって、自然にわたしたちを導いてくれます。あなたが自分自身の意志と力に信頼しなければ、聖霊は自然とわたしたちを勝利の段階へと導いてくださいます。

ですから、罪に打ち勝つことには少しの力も必要ありません。罪の法則がわたしたちに罪を犯させる時、わたしたちは力を必要としません。同様に、聖霊の法則が罪からわたしたちを解放する時も、わたしたちは力を必要としません。力を必要としない勝利こそが、真の勝利です。わたしたちはうまくやったのではありません。頭をもたげて、主に、「何もしませんでした」と言えるだけです。以前の失敗は法則によりました。今日の勝利も法則によります。以前の法則には力がありました。今日の法則にはもっと力があります。以前の法則は徹底的にわたしたちにいつも罪を犯させました。今日の法則はさらに徹底的に、わたしたちが再び罪に定められないようにします。命を与える霊の法則がわたしたちを通して表現される時、その力は罪と死の法則をはるかに超えています。

もし兄弟姉妹がこのことを見ることができるなら、真に罪から解放されます。聖書では、わたしたちの意志をもって罪に打ち勝ちなさいとは言っていません。聖書ではただ罪から解放されることをこう言っています、「命の霊の法則が、キリスト・イエスの中で、罪と死の法則から、わたしを解放したからです」。命を与える霊の法則はわたしたちを罪と死の法則から引き出して解放します。罪と死の法則はやはりそこにあるのですが、その対象がないのです。

救われた人はみな、必ず解放の道を見なければなりません。第一に、罪はわたしたちの上で法則であるのを見ましょう。これを見ていなければ、以下のことは話になりません。第二に、人の意志は罪の法則に打ち勝つことができないのを見ましょう。第三に、聖霊も法則であることを見ましょう。この法則はわたしたちを罪の法則から解放することができます。

初信者の兄弟姉妹は解放の道を早く知れば知るほど良いのです。実のところ、解放の道を知るのに何年も待つ必要はありません。また、解放されるまで多くの傷を受ける必要はありません。多くの兄弟姉妹は不必要な時を費やしています。多くの兄弟姉妹の涙は失敗して流されています。もしあまり苦しみたくないなら、あまり涙を流したくないなら、救いと解放の道は「命の霊の法則が、キリスト・イエスの中で、罪と死の法則から、わたしを解放した」ことにあることを、最初に見なければなりません。この法則はとても完全で力があるので、わたしたちを極みまで救います。わたしたちの助けを必要としません。この法則は自然にわたしたちを罪から完全に解放し、自然にわたしたちを全く聖とし、自然にわたしたちを命で満たします。

兄弟姉妹よ、聖霊はあなたの中で、時には命を現し、時には命を現さない、と思ってはなりません。もしあなたがこう思っているなら、それは聖霊を知っているだけであって、聖霊の法則を知らないことを証明します。聖霊の法則は絶えず命を現し、常にそうであり、至る所でそうであり、時々刻々そうです。あなたがそれをこうさせるのではなく、それはもともとこうなのです。あなたの目が神によって開かれて、わたしたちの中にある宝が聖霊だけでなく、命だけでなく、法則でもあることを見たなら、あなたは解放され、罪の問題は過ぎ去ります。

どうか神があなたの目を開いてくださり、この解放の道、勝利の秘訣をはっきりと見せてくださり、最初から正しい道を歩ませてくださいますように！